Cumprindo o Meu Propósito com Deus

Cumprindo o Meu Propósito com Deus

Como Cumprir o Propósito de Deus em Nossas Vidas, da Maneira de Deus

À minha esposa Kelli.

Também à minha herança, Fernando, Beatriz, Felipe e Isabelly...

Sumário

Prefácio

Acordei na manhã de ontem com uma sensação de preocupação. Ao completar 35 anos de idade, comecei a olhar para trás tudo o que fiz em minha vida. Estou vivendo um momento que compreendi algo que Deus me chamou para fazer, mas o fato é que nos últimos 35 anos não fiz absolutamente nada para edificar de forma sólida o propósito de Deus em minha vida.

O que consola meu espírito é a fé na soberania de Deus, fé esta que me leva a crer que mesmo não trabalhando de forma efetiva no propósito de Deus em minha vida, tudo o que tenho vivido serviu para minha edificação para este dia, dia o qual decidi viver o meu chamado de Deus.

Hoje ao acordar, decidido viver o que Deus tem pra mim, o Aba me revelou esta mensagem que quero compartilhar com você. Sabendo que foi o Aba que me pediu para escrever, e que é o Aba que lhe guiou a este livro, tenho certeza que essa breve leitura será de extrema edificação, e levará você a tomar as decisões que precisam ser tomadas para viver o que Deus lhe chamou a viver.

Oro para que você desfrute da mensagem de nosso Pai eterno, e que este livro nos conduza cada vez mais a encerrar ciclos de forma sadia, e iniciar ciclos com convicções rumo ao cumprimento efetivo dos planos eternos em nós, e através de nós, sempre da maneira de Deus e com Deus.

Preciso deixar claro que este livro não tem como propósito revelar o chamado individual de Deus para sua vida. Entenda leitor que a sua identidade é única, e o que Deus tem para você, é exclusivamente para você. Esteja convicto que estas páginas, foram preparadas pelo Espírito Santo para auxiliar você a avançar em cada etapa da sua vida, alicerçado em princípios de Deus, que é o melhor fundamento para obtermos sucesso rumo aos planos do Aba para nós. É nesse lugar, no centro da vontade de Deus, fazendo as coisas da maneira de Deus, que estaremos realizados e mergulhados na paz que excede todo entendimento humano.

Assim como fui liberto e tive meus olhos abertos pelo Espírito Santo através desse presente do Aba, que o Espirito Santo abra os seus olhos e lhe liberte daquilo que tem impedido de viver o seu propósito com Deus.

Capítulo I

Fundamento da Palavra

Artaxerxes permite a Neemias ir a Jerusalém e edificar os muros

¹Sucedeu, pois, no mês de nisã, no ano vigésimo do rei Artaxerxes, que estava posto vinho diante dele, e eu tomei o vinho e o dei ao rei; porém nunca, antes, estivera triste diante dele. ²E o rei me disse: Por que está triste o teu rosto, pois não estás doente? Não é isso senão tristeza de coração. Então, temi muito em grande maneira ³e disse ao rei: Viva o rei para sempre! Como não estaria triste o meu rosto, estando a cidade, o lugar dos sepulcros de meus pais, assolada, e tendo sido consumidas as suas portas a fogo? ⁴E o rei me disse: Que me pedes agora? Então, orei ao Deus dos céus ⁵e disse ao rei: Se é do agrado do rei, e se o teu servo é aceito em tua presença, peço-te que me envies a Judá, à cidade dos sepulcros de meus pais, para que eu a edifique. ⁶Então, o rei me disse, estando a rainha assentada junto a ele: Quanto durará a tua viagem, e quando voltarás? E aprouve ao rei enviar-me, apontando-lhe eu um certo tempo. ⁷Disse mais ao rei: Se ao rei parece bem, deem-se-me cartas para os governadores dalém do rio, para que me deem passagem até que chegue a Judá; ⁸como também uma carta para Asafe, guarda do jardim do rei, para que me dê madeira para cobrir as portas do paço da casa, e para o muro da cidade, e para a casa em que eu houver de entrar. E o rei mas deu, segundo a boa mão de Deus sobre mim.

[9]Então, vim aos governadores dalém do rio e dei-lhes as cartas do rei; e o rei tinha enviado comigo chefes do exército e cavaleiros. [10]O que ouvindo Sambalate, o horonita, e Tobias, o servo amonita, lhes desagradou com grande desagrado que alguém viesse a procurar o bem dos filhos de Israel.

[11]E cheguei a Jerusalém e estive ali três dias. [12]E, de noite, me levantei, eu e poucos homens comigo, e não declarei a ninguém o que o meu Deus me pôs no coração para fazer em Jerusalém; e não havia comigo animal algum, senão aquele em que estava montado. [13]E, de noite, saí pela Porta do Vale, para a banda da Fonte do Dragão e para a Porta do Monturo e contemplei os muros de Jerusalém, que estavam fendidos, e as suas portas, que tinham sido consumidas pelo fogo. [14]E passei à Porta da Fonte e ao viveiro do rei; e não havia lugar por onde pudesse passar a cavalgadura que estava debaixo de mim. [15]Então, de noite, subi pelo ribeiro e contemplei o muro; e voltei, e entrei pela Porta do Vale, e assim voltei. [16]E não souberam os magistrados aonde eu fui nem o que eu fazia; porque ainda até então nem aos judeus, nem aos nobres, nem aos magistrados, nem aos mais que faziam a obra tinha declarado coisa alguma.

[17]Então, lhes disse: Bem vedes vós a miséria em que estamos, que Jerusalém está assolada e que as suas portas têm sido queimadas; vinde, pois, e reedifiquemos o muro de Jerusalém e não estejamos mais em opróbrio. [18]Então, lhes declarei como a mão

do meu Deus me fora favorável, como também as palavras do rei, que ele me tinha dito. Então, disseram: Levantemo-nos e edifiquemos. E esforçaram as suas mãos para o bem. [19]O que ouvindo Sambalate, o horonita, e Tobias, o servo amonita, e Gesém, o arábio, zombaram de nós, e desprezaram-nos, e disseram: Que é isso que fazeis? Quereis rebelar-vos contra o rei? [20]Então, lhes respondi e disse: O Deus dos céus é o que nos fará prosperar; e nós, seus servos, nos levantaremos e edificaremos; mas vós não tendes parte, nem justiça, nem memória em Jerusalém.

Capítulo II

Com Deus ao Centro Sempre

A primeira lição que aprendemos de Deus através da vida de Neemias é que a plena realização de nossa vida e o sucesso do nosso chamado está condicionado a centralidade de Deus em todos os momentos da nossa existência. Em um único capítulo relatando a a compreensão do chamado de Neemias e disposição para vive-lo, o nome de Deus é mencionado 5 vezes.

Cada uma das vezes que o nome de Deus é mencionado, recebemos orientações de como proceder nas situações similares a estas que vivemos. Vejamos elas de forma mais detalhadas:

I - *"Então, orei ao Deus dos céus", (Ne 2,4)*

Neemias ora a Deus para receber instruções de como pedir provisões através do rei. Há pessoas que são enviadas por Deus para prover as necessidades de nosso chamado, mas precisamos ser orientados por Deus sobre a maneira de expor à eles o propósito de nossas necessidades.

II - *"segundo a boa mão de Deus sobre mim." (Ne 2,8)*

Neemias reconhece que as provisões que recebeu do rei foram segundo a bondade de Deus. Ainda que nós tenhamos a provisão para cumprimento do propósito recebido das mãos dos homens, se fomos orientados por Deus até aqui, saberemos que foi Deus quem proveu.

III - *"o meu Deus me pôs no coração para fazer" (Ne 2,12)*

Este é o versículo central, de 5 vezes que é mencionado o nome de Deus, este é o que está ao meio dos versículos. Aqui Neemias declara que o propósito que ele está se movendo vem de Deus, pois foi Deus quem colocou ao seu coração o desejo dessa obra. A maior lição é saber que até a tristeza e inconformismo que Neemias sentiu no versículo um e dois foram permitidas por Deus para movê-lo rumo ao alinhamento do propósito de sua vida e cumprimento dos planos que Deus desejava cumprir através de Neemias.

IV - *"a mão do meu Deus me fora favorável" (Ne 2,18)*

Essa lição foi uma das mais difíceis de eu aprender. Sempre que Deus colocava algo em minhas mãos, na alegria e desejo de repartir com todos aqueles benefícios do Senhor, eu acabava falando pra muitas, muitas pessoas, e então acabava perdendo a essência e deixando de viver de forma integral o ciclo que o Aba estava me conduzindo. Deus nos ensina através de Neemias que, no momento oportuno, ele apresenta ao povo que estará com ele na obra, e declara que está disposto, apto e com provisões por causa do favor de Deus sobre a vida dele e o propósito. Aprendi que devo ser seletivo sobre as pessoas que devo abrir o que Deus coloca em minhas mãos, e somente no momento oportuno, promover a divulgação em massa.

V - "O Deus dos céus é o que nos fará prosperar" (Ne 2,20)

Não por acaso essa é a última menção do nome de Deus. O Aba quer estruturar o nosso posicionamento em relação as adversidades. Aqui Neemias responde aqueles que se levantam contra o propósito que Deus lhe chamou. Ele declara mais uma vez que quem fará acontecer através dele é o próprio Deus. Nessa última menção o Aba nos diz entre linhas, *sejam resilientes, permaneçam firmes, se vocês respeitarem, encerrarem e iniciarem da forma correta cada ciclo, Eu quem os farei prosperar.*

Capítulo III

Com Deus ao Centro Sempre, Através de Nós

Até aqui observamos a soberana vontade de Deus se cumprindo no propósito que é liderada por alguém firmado sempre em Deus. A obra Teocêntrica. Entretanto precisamos estar alertas porque ainda que a obra seja Teocêntrica, é através de nós que o Aba quer manifestar o seu reino. Ele tem interesse nessa comunhão, no cumprimento e na manifestação de cada uma das características do Seu reino através de nós. Este é o principal motivo que nos leva a compreender que tudo o que fazemos, temos que fazer com Deus.

A interação da soberana vontade de Deus através do homem, em perfeita comunhão, conduz o ser ao centro da vontade de Deus, e naturalmente esse cenário gera não somente o sentimento de pertencimento do ser humano ao reino, mas a manifestação do poder de Deus.

Nessa interação é natural haver sentimentos humanos e ações a serem tomadas por parte deste. As lições aprendidas com o Aba através de Neemias, se colocadas em prática, nos conduzirão a totalidade do cumprimento dos planos de Deus em nós e através de nós conforme os sete pontos revelados abaixo:

1 – COMPREENDENDO A TRISTEZA

"Não é isso senão tristeza de coração" (Ne 2,2)

Tudo começou com uma tristeza no coração de Neemias. Quantas vezes sentimos uma tristeza no coração, mas não conversamos com Deus para entender o que Ele quer que façamos com aquela situação. O fato é que aquilo que eu vejo de errado, não sou chamado a permanecer murmurando, mas sim a ser a resposta e solução para aquele problema. A melhor forma de provar que algo está errado, é fazer da maneira certa.

2 – VENCENDO A INSEGURANÇA

"temi muito em grande maneira" (Ne 2,2)

A resposta que você dá ao sentimento de medo que tenta se instalar no seu coração é que determinará o cumprimento do propósito de Deus ou não. Neemias temeu, logo em seguida orou a Deus, e depois de orar a Deus recebendo orientações do Aba, foi extremamente sincero, expondo ao rei o que estava ao seu coração.

3 – APLICANDO A SINCERIDADE

"e disse ao rei: Se é do agrado do rei, e se o teu servo é aceito em tua presença, peço-te que me envies a Judá, à cidade dos sepulcros de meus pais, para que eu a edifique." (Ne 2,5)

A sinceridade e transparência é o meio correto de iniciar algo, tudo o que se inicia na verdade, está fundamenta na rocha. Não há como fazer a coisa errada da maneira certa, muito menos de se fazer a coisa certa da maneira errada. Fazendo as coisas do modo de Deus, fazemos o que é certo, da maneira certa.

4 – RECEBENDO A BENÇÃO DA LIDERANÇA ATUAL E NOS POSICIONANDO AOS DEMAIS GOVERNADORES

"[7]Disse mais ao rei: Se ao rei parece bem, deem-se-me cartas para os governadores dalém do rio, para que me deem passagem até que chegue a Judá; [8]como também uma carta para Asafe, guarda do jardim do rei, para que me dê madeira para cobrir as portas do paço da casa, e para o muro da cidade, e para a casa em que eu houver de entrar. (...). [9]Então, vim aos governadores dalém do rio e dei-lhes as cartas do rei; e o rei tinha enviado comigo chefes do exército e cavaleiros. [10]O que ouvindo Sambalate, o

horonita, e Tobias, o servo amonita, lhes desagradou com grande desagrado que alguém viesse a procurar o bem dos filhos de Israel." (Ne 2,7-10)

Neste período do processo somos chamados a nos posicionarmos junto as autoridades. De forma clara e objetiva, nos posicionamos para as pessoas que estão em posição hierárquica de governança relatando o que Deus propôs fazer através de nós. Também é nesse ciclo que começamos a desagradar algumas pessoas que não nos conhecem intimamente. O rei Artaxerxes não se desagradou de Neemias como Sambalate e Tobias se desagradaram. Somente o rei Artaxerxes conhecia intimamente Neemias e já havia sido servido por ele. Importante observarmos que Neemias não investiu tempo para explicar aos reis que se desagradaram do propósito de seu coração. Como ouvi um homem de Deus uma vez ministrar, aqueles que não conhecem meu coração eu não devo explicação, e aqueles que conhecem eu não preciso.

5 - OBSERVANDO COM DISCRIÇÃO

"[11]E cheguei a Jerusalém e estive ali três dias. [12]E, de noite, me levantei, eu e poucos homens comigo, e não declarei a ninguém o que o meu Deus me pôs no coração para fazer em Jerusalém; e não havia comigo animal algum, senão aquele em que estava montado. [13]E, de noite, saí pela Porta do Vale, para a banda da Fonte do Dragão e para

a Porta do Monturo e contemplei os muros de Jerusalém, que estavam fendidos, e as suas portas, que tinham sido consumidas pelo fogo. [14]E passei à Porta da Fonte e ao viveiro do rei; e não havia lugar por onde pudesse passar a cavalgadura que estava debaixo de mim. [15]Então, de noite, subi pelo ribeiro e contemplei o muro; e voltei, e entrei pela Porta do Vale, e assim voltei. [16]E não souberam os magistrados aonde eu fui nem o que eu fazia; porque ainda até então nem aos judeus, nem aos nobres, nem aos magistrados, nem aos mais que faziam a obra tinha declarado coisa alguma." (Ne 2,11-16)

Deus nos dá um exemplo através de Neemias que antes de iniciar efetivamente a operação da obra, é necessário um tempo de observação com discrição. Neemias não chegou falando pra todo o povo que estaria envolvido efetivamente na obra o que seria feito. É necessário um tempo para observar, permanecer em silencio e conhecer o ambiente onde Deus cumprirá o propósito. Aqui está revelado um princípio que Neemias precisou observar com seus próprios olhos. Talvez se Neemias pedisse para as pessoas daquele lugar o que viam, poderia até encontrar pessoas acomodadas com a situação, o que traria o risco de distorcer o propósito que Deus escolhera para Neemias. O fato dele não ficar pedindo a visão de cada um, alinhou ainda mais que seria através da leitura que Deus deu à ele sobre o ambiente que seriam apontadas as diretrizes pelo Aba para início da obra efetiva.

6 - APRESENTANDO A REALIDADE E CONVIDANDO OS COOPERADORES

"¹⁷Então, lhes disse: Bem vedes vós a miséria em que estamos, que Jerusalém está assolada e que as suas portas têm sido queimadas; vinde, pois, e reedifiquemos o muro de Jerusalém e não estejamos mais em opróbrio. ¹⁸Então, lhes declarei como a mão do meu Deus me fora favorável, como também as palavras do rei, que ele me tinha dito. Então, disseram: Levantemo-nos e edifiquemos. E esforçaram as suas mãos para o bem." (Ne 2, 17-18)

Neemias deixa claro a realidade de Jerusalém, ele não se baseia no achismo próprio ou de terceiros, expôs a realidade que todos estavam, permaneceu Teocêntrico relatando o favor de Deus sobre ele, sobre a honra das autoridades. Somente depois de expor a realidade que o povo estava vivendo e a direção de Deus, sob autoridade do rei, Neemias abriu o propósito e convite àqueles que estariam dispostos a cumprir o propósito de Deus para aquele tempo. Sendo guiado por Deus, a decisão do povo foi de se levantar e reerguer, cumprir o propósito e dando início assim as atividades efetivas. Além de ser uma lição de Deus sobre a forma de expor àqueles escolhidos por Deus para cooperar em algo que Deus coloca em nossas mãos, temos aqui também um alerta, pois se falta cooperadores em algo que Deus nos deu, precisamos refazer esses seis passos. Devemos refletir, pois corremos o risco de estar tentando fazer algo que Deus não quer que seja feito, ou pior ainda, fazendo algo que Deus quer, mas da nossa maneira, e não da maneira de Deus.

7 - SEMPRE HAVERÁ ADVERSIDADES- NOSSO POSICIONAMENTO

"¹⁹O que ouvindo Sambalate, o horonita, e Tobias, o servo amonita, e Gesém, o arábio, zombaram de nós, e desprezaram-nos, e disseram: Que é isso que fazeis? Quereis rebelar-vos contra o rei? ²⁰Então, lhes respondi e disse: O Deus dos céus é o que nos fará prosperar; e nós, seus servos, nos levantaremos e edificaremos; mas vós não tendes parte, nem justiça, nem memória em Jerusalém." (Ne 2, 19-20)

Estes versículos encerram a mensagem deixando claro que sempre haverá zombaria, desprezo e adversidades de pessoas que não entendem o propósito que Deus gerou ao nosso coração. Deus nos ensina mais uma vez através de Neemias que para estes casos, devemos nos posicionar como servos de uma obra do Aba, deixar claro que é Deus que nos fará prosperar, e alertá-los que se permanecerem contrários a vontade de Deus em suas vidas, não terão parte, nem justiça, nem memória no reino de Deus.

28

Agradecimentos

Aquilo que Deus colocou em minhas mãos, não é somente para mim

Espero que estas maravilhosas instruções de Deus possam nos conduzir ao centro da vontade de Deus. Oro e creio que esta mensagem auxiliará a cada um de nós, neste exato momento de nossa vida, seja um momento de tristeza por algo que Deus está lhe chamando para revelar o Seu propósito em nós, seja um momento de encerramento de um ciclo e início de outro, seja um momento de falta de cooperadores para edificar o que buscamos, ou seja ainda um momento de adversidade de pessoas que não compreenderam seu propósito.

O propósito do meu coração em compartilhar essa revelação é que, assim como ela tem contribuído em minha vida, ela possa levar a cada um de nós a cumprir, com Deus o que Ele predestinou para nós.

Deus lhes abençoe...

A você que chegou até aqui...

Que todos os propósitos de Deus sejam realizados em sua vida.

Somente no centro da vontade de Deus é que encontramos a verdadeira

realização de nossa existência, é neste lugar que temos a convicção de

estarmos vivendo ao máximo o que fomos chamados a viver...

Nota

Todas as citações bíblicas são da Versão Almeira Revista e Corrigida

Contato

Se você deseja testemunhar algo para nós a respeito do que esta mensagem

do Aba significou para sua vida, fique à vontade para entrar em contato

conforme dados abaixo:

Deivi Fronza

e-mail:

deivifronza@outlook.com

Skype:

deivifronza@outlook.com

Instagram - deivikelli:

https://www.instagram.com/deivikelli?r=nametag

www.ingramcontent.com/pod-product-compliance
Lightning Source LLC
Chambersburg PA
CBHW051427250726
48655CB00003B/1277